Digitale Transformation
und andere Missgeschicke

Anna-Maria Krebs · Oliver Gollanek

Digitale Transformation und andere Missgeschicke

Streitgespräch über neue Digitalbesen und alte Aktenzöpfe in einer Berliner Verwaltung

Anna-Maria Krebs
Berlin, Deutschland

Oliver Gollanek
Berlin, Deutschland

ISBN 978-3-658-19970-8   ISBN 978-3-658-19971-5 (eBook)
https://doi.org/10.1007/978-3-658-19971-5

Die Deutsche Nationalbibliothek verzeichnet diese Publikation in der Deutschen Nationalbibliografie; detaillierte bibliografische Daten sind im Internet über http://dnb.d-nb.de abrufbar.

Springer Gabler
© Springer Fachmedien Wiesbaden GmbH 2018
Das Werk einschließlich aller seiner Teile ist urheberrechtlich geschützt. Jede Verwertung, die nicht ausdrücklich vom Urheberrechtsgesetz zugelassen ist, bedarf der vorherigen Zustimmung des Verlags. Das gilt insbesondere für Vervielfältigungen, Bearbeitungen, Übersetzungen, Mikroverfilmungen und die Einspeicherung und Verarbeitung in elektronischen Systemen.
Die Wiedergabe von Gebrauchsnamen, Handelsnamen, Warenbezeichnungen usw. in diesem Werk berechtigt auch ohne besondere Kennzeichnung nicht zu der Annahme, dass solche Namen im Sinne der Warenzeichen- und Markenschutz-Gesetzgebung als frei zu betrachten wären und daher von jedermann benutzt werden dürften.
Der Verlag, die Autoren und die Herausgeber gehen davon aus, dass die Angaben und Informationen in diesem Werk zum Zeitpunkt der Veröffentlichung vollständig und korrekt sind. Weder der Verlag noch die Autoren oder die Herausgeber übernehmen, ausdrücklich oder implizit, Gewähr für den Inhalt des Werkes, etwaige Fehler oder Äußerungen. Der Verlag bleibt im Hinblick auf geografische Zuordnungen und Gebietsbezeichnungen in veröffentlichten Karten und Institutionsadressen neutral.

Mit Illustrationen von Michael H. Krebs, Minden

Gedruckt auf säurefreiem und chlorfrei gebleichtem Papier

Springer Gabler ist Teil von Springer Nature
Die eingetragene Gesellschaft ist Springer Fachmedien Wiesbaden GmbH
Die Anschrift der Gesellschaft ist: Abraham-Lincoln-Str. 46, 65189 Wiesbaden, Germany

Vorwort

Dieses Buch handelt von der Zusammenarbeit bzw. vielmehr von einem Weg in eine erfolgreiche Zusammenarbeit zwischen IT-Steuerung und Informationssicherheit. Beides sind Schlüsselthemen für die erfolgreiche Digitalisierung.

Wir präsentieren das Thema in Form eines Dialoges. Die Idee zur Dialogform entstand während der Vorbereitung eines Vortrags für den IT-Planungsrat-Kongress 2017 in Bremen. Unsere Erfahrung sagte uns, dass insbesondere der Vortragsstil über engagiertes Zuhören oder den Kampf mit müden Augenlidern im Saal entscheidet. Das bestätigte uns in unserer Wahl der Dialogform.

Bei der Ausarbeitung des Vortrags entwickelte sich dieser Dialog schnell zu einem produktiven Streitgespräch. Denn immer, wenn es um das „IN"-Thema *Digitalisierung* geht, entspannt sich zwischen IT Steuerung und Informationssicherheit schnell eine intensive Diskussion um Visionen, Machbares und Realität. Datenschutz und -sicherheit scheinen auf den ersten Blick die natürlichen Feinde der Digitalen Transformation zu sein. Aber eben nur auf den ersten Blick. Zu einer erfolgreichen Digitalisierung gehören diese Themen dazu, und man ist gut beraten, den Weg zu einer digitalisierten Verwaltung von Beginn an Hand in

Vorwort

Hand mit allen Beteiligten zu gehen. Alleingänge enden hier häufig in Sackgassen oder gestoppten IT-Projekten, deren Ergebnisse als müde Schrankware enden.

Der zeitliche Umfang des Kongressvortrages war beschränkt. Während der Vorbereitung fiel so viel Material an, dass wir mindestens drei Vorträge hätten gestalten können. Im vorliegenden Text erzählen wir die Kongressvorbereitungsphase nach. Natürlich auch in Dialogform und mit manch großem Augenzwinkern. Aber lassen Sie sich nicht von der lockeren Form täuschen. Es geht um ein wichtiges Thema, um ernste Inhalte und um eine große Chance.

Vielleicht erkennen Sie sich in der einen oder anderen Szene wieder. Vielleicht finden Sie Anregungen zur Ausgestaltung Ihres Weges zu einer erfolgreichen Digitalen Transformation Ihrer Organisation. Vielleicht haben Sie beim Lesen genau so viel Spaß an der Sache wie wir beim Schreiben. Nehmen Sie etwas von dieser Einstellung mit auf Ihren Weg. Es wird Ihnen helfen.

Anna-Maria Krebs und *Oliver Gollanek*, November 2017

Inhalt

Vorwort 5

Prolog – Der Auftrag 9

Erster Akt – Erste Szene: Die Vorbereitung 21

Erster Akt – Zweite Szene: Klärung der Begriffe 25

Zweiter Akt – Erste Szene: Überwindung der Hürden...............29

Zweiter Akt – Zweite Szene: Der Weg..............................37

Zweiter Akt – Dritte Szene: Die Reflexion 49

Dritter Akt – Erste Szene: Das Resümee oder Zopf
versus Besen 53

Dritter Akt – Zweite Szene: Vor der Abreise zum Kongress........57

Dritter Akt – Dritte Szene: Auf dem Weg zum Kongress............59

Epilog – Was wirklich geschah zwischen Frau K
und Herrn G 65

Checkliste 69

Weiterführende Literatur...71

Die Autoren 73

Der Illustrator 75

Prolog – Der Auftrag

Fakten – das EGovG Bln

Das Gesetz zur Förderung des E-Governments (E-Government-Gesetz Berlin – EGovG Bln) fordert in § 7 Elektronische Akten:

(1) Die Berliner Verwaltung führt ihre Akten spätestens ab dem 1. Januar 2023 elektronisch. Hierbei ist durch geeignete technisch-organisatorische Maßnahmen nach dem Stand der Technik sicherzustellen, dass die Grundsätze ordnungsgemäßer Aktenführung und die für die Berliner Verwaltung geltenden Standards, auch im Hinblick auf Datenschutz und Datensicherheit, eingehalten werden. (...)

Irgendwo in einem Büro einer öffentlichen Verwaltung.

Vor dem Hintergrund und mit dem Eindruck der letzten Sitzung der Arbeitsgruppe Digitalisierung sitzen Frau K (Leitung IT-Steuerung) und Herr G (IT-Sicherheitsbeauftragter) bei einer amtlichen Tasse Kaffee zusammen. Frau K ist ein wenig aufgeregt:

K: Wir sollen einen Vortrag halten.

G: Wir? Worüber?

K: Über die Einführung der E-Akte in die Verwaltung.

G: Sollen oder wollen wir?

K: Wir können, wenn wir wollen.

G: Das ist immer gut. Und warum ausgerechnet wir?

K: Weil Sie der IT-Sicherheitsbeauftragte sind und ich die IT-Steuerung in dieser Verwaltung verantworte.

G: Und das reicht schon als Grund?

K: Die Konferenz, an der wir teilnehmen sollen, beschäftigt sich mit den Themen Arbeit, Verwaltung und Cybersicherheit.

G: Ach, wie originell.

K: Ja, eben.

G: Eben?

K: Wir machen das einfach originell.

G: Aha. *(macht eine zum Weiterreden auffordernde Geste)*

K: Wir machen einfach mal etwas anderes.

G: Sie meinen so richtig anders, wie Berliner das so machen, wenn sie z.B. einen Flughafen bauen?

K: *(verdreht die Augen)* Nein! Wir halten keinen Vortrag, wir streiten uns stattdessen. Ein Dialog statt eines gähnenden Vortrags.

G: *(schaut nur irritiert)*

Prolog – Der Auftrag

K: Doch, doch. Das wird ganz großartig. Unsere Behörde ist doch exemplarisch für die Herausforderungen der Berliner Verwaltungslandschaft. Und wir beide sind ein Exempel dafür, wie IT-Sicherheit und IT-Steuerung – trotz oder besser wegen aller Meinungsverschiedenheiten – gut und gerne zusammenarbeiten können.

G: Exemplarisch. Ach was. Und warum ist unser Laden so exemplarisch – also außer aus dem Grund, dass hier natürlich schon ein paar ganz originelle Exemplare herumlaufen?

K: *(übergeht die Polemik)* Naja, die Vielfalt der unterschiedlichen Aufgaben in verschiedenen Politikfeldern.

G: Mich interessieren da eher Datenschutz und Datensicherheit …

K: Und mich interessieren die Möglichkeiten, Prozesse digital abzubilden: Wie wird die geeignete Technik gefunden?

G: War ja klar – digitale Welt, digitale Vielfalt, Internet of things? Ich sage ja, digitaler Unfug, Internet of threats! Da muss man doch gerade bei uns erstmal die Rahmenbedingungen schaffen, die das Ganze sicher und beherrschbar …

K: *(fällt ihm ins Wort)* So, wie ich die Verwaltung kenne, werden in den nächsten zehn Jahren Arbeitsgruppen über den Rahmenbedingungen brüten, die Verwaltungen werden Machbarkeitsstudien in Auftrag geben und das Parlament berät über Fristverlängerungen.

Prolog – Der Auftrag

G: Sie nun wieder … bedenken Sie doch, dass die Digitalisierung nun einmal andere Regeln hat als die gute alte analoge Amtsstube, die man abends zugesperrt hat …

K: *(fällt ihm schon wieder ins Wort)* ABENDS? Eher wohl mittags!

G: Lenken Sie nicht ab. Sie wissen genau, was ich meine.

K: Vielleicht helfen Sie mir auf die Sprünge …

G: Die Digitalisierung erfordert nicht nur andere Rahmenbedingungen, sondern vor allem auch andere Kompetenzen.

K: Natürlich. Da sind wir uns doch schon mal einig. Die Aus- und Weiterbildung muss sich parallel entwickeln.

G: Und? Braucht die öffentliche Verwaltung andere Kompetenzen als die freie Wirtschaft?

K: Im Prinzip nicht – allerdings brauchen wir ein anderes Durchhaltevermögen.

G: Wieso?

K: Na, ja wie ich vorhin schon andeutete: 10 Jahre …

G: Arbeitsgruppen …

K: Nein, viel wichtiger ist es, sich damit auseinanderzusetzen, wie sich das Leben und Verhalten insgesamt verändert. Heute hat fast jeder privat ein Smartphone und/oder ein Tablet. Bankgeschäfte, Steuererklärungen und Einkäufe werden online erledigt. Berlin hat eine Service-App für alle. In unserer Verwaltung hingegen herrscht das Papier

Prolog – Der Auftrag

vor. Selbst E-Mails werden ausdruckt, kopiert und veraktet – was für ein Wort – da dreht sich dem Duden der Magen um.

G: Sie schweifen ab!

K: Was – wohin? Nein ich bin immer noch bei den Rahmenbedingungen. Wikipedia[1] sagt, „Rahmenbedingung" sei ein Synonym von Randbedingung, Vorbedingung oder Voraussetzung. Und die *Voraussetzung* bildet einen Zustand, einen Vorgang oder irgendeinen anderen Sachverhalt, der gegeben sein muss, bevor ein anderer Vorgang oder Sachverhalt eintreten kann. Das spinnen wir jetzt einmal fort und übertragen das auf den Vorgang der Digitalisierung.

G: Sie haben mich verwirrt.

K: Passen Sie doch einfach auf! Voraussetzung für eine erfolgreiche Digitalisierung ist die Vereinbarung von klaren Prozessen, hinter denen sich die Aufgabenerledigung verbirgt und in deren Umsetzung bestimmte Werkzeuge zum Einsatz kommen. Hier beginnt die Logik.

G: *(süffisant ironisch)* Vielen Dank. Ist gleich viel besser geworden mit meiner Verwirrung.

K: Ich sagte doch, Sie sollen aufpassen. Ich meine die Kunst einer geordneten Vorgehensweise.

---

[1] Wikipedia, https://de.wikipedia.org/wiki/Rahmenbedingung, zuletzt zugegriffen am 18.09.2017

Prolog – Der Auftrag

G: Also Sie meinen, Verwaltung und Logik – das passt zusammen?

K: Na, aber sicher: Wir legen doch Wert auf folgerichtige Abläufe – logisch?

G: Einigen wir uns auf meistens?

K: Papperlapapp. Logische Abläufe! Folgerichtig müssen wir dann nur noch die Abläufe beschreiben, die entsprechenden Instrumente dafür suchen, und dann sind wir fertig!

G: Jetzt kommen Sie aber bitte mal wieder in die Wirklichkeit zurück!

K: Das bin ich doch. Und die Wirklichkeit ist es ja auch, die uns treibt. Wenn wir nicht vollends überholt werden wollen, müssen wir uns ranhalten.

G: Apropos ranhalten ...

K: Ja, ja. Die Rahmenbedingungen. Ich zähle mal auf:

- Einheitlicher Aktenplan,
- abgestimmte Geschäftsprozesse,
- angepasste Rechtsvorschriften,
- Auswahl geeigneter Pilotthemen und geeigneter Werkzeuge!

Nicht zu vergessen die Bereitstellung von zentralen Vorgaben durch Steuerung einer einheitlichen Vorgehensweise, eines konsequenten Einführungsmanagements, eines kontinuierlichen Informations- und Kommunikationsmanagements. Und natürlich das nötige Kleingeld.

Prolog - Der Auftrag

G: Das Ganze wird eine riesige Veränderung für alle Beteiligten!

K: Deswegen nennt man das ja auch „Digitale Transformation". Wenn es nur eine einfache Umstellung wäre, könnte man auch Digitale Mutation sagen!

G: Wobei mir durchaus schon der eine oder andere digitale Mutant begegnet ist.

K: Meine Güte! Sie immer mit Ihren Pseudo-Wortwitzen. Das ist ernst! Transformation!

Der Duden sagt: Transformation, die, Wortart: Substantiv, feminin

Gebrauch: Fachsprache; bildungssprachlich, Synonyme sind: Wandel, Übergang, Wechsel

Endlich -- *(jubelt)*

G: Was endlich?

K: Die Transformation ist weiblich, wir sprechen von Wandel, Veränderung und Weiterentwicklung – alles weiblich, und jetzt wird es dynamisch. Wir denken in Prozessen!

G: Ha, da haben wir's!

K: Was?

G: Der Prozess ist männlich, und das heißt, denken in Prozessen ist männlich. Jetzt kommt wieder Struktur rein.

K: In was?

G: In die Rahmenbedingungen.

Allem voran steht eine flächendeckende, sichere Vernetzung. Darauf folgt die Erkenntnis, dass die erforderliche IT-Infrastruktur einem stetigen Wandel unterliegt. So wird sich die Digitalisierung immer wieder verändern, es entsteht ein dynamischer Prozess. Aber die nächsten Herausforderungen liegen erst einmal in der Anpassung der Geschäftsprozesse und einer entsprechenden Handhabung der elektronischen Dokumentenverwaltung.

K: HA! Da ist sie wieder!

G: Die was?

K: Die Weiblichkeit; Sie sagten, es entsteht ein dynamischer Prozess – und es heißt **die** Dynamik.

G: Ich gehe auf *die dunkle Seite des Mondes*[2].

K: Warum denn das jetzt?

G: Da habe ich meine Ruhe. Aber lassen wir das, es bot sich nur so an: Transformation – Transformers. Ganz schlechte Fiktion.

Was heißt eigentlich Transformation?

K: Im eigentlichen Sinne bedeutet digitale Transformation einen fortlaufenden, in digitalen Technologien begründeten Veränderungsprozess, der die gesamte Gesellschaft betrifft.

---

[2] Aus dem Film: Transformers 3 – Die dunkle Seite des Mondes von Michael Bay, USA 2011.

Prolog – Der Auftrag

G: Und im uneigentlichen Sinne?

K: ... betrifft sie erst einmal uns. Transformation ist ein Thema für alle. Für eine erfolgreiche Strategie und deren Umsetzung müssen alle an einem Strang ziehen. Wir müssen lernen, in Prozessen zu denken, die einer ständigen Veränderung unterliegen. Damit das gelingt, muss zunächst der Ist-Zustand betrachtet und die Komplexität der aktuellen Infrastruktur bewertet werden. Letztendlich geht es darum, komplexe Strukturen, viele Menschen, Prozesse und Organisationsebenen miteinander in Gleichklang zu bringen.

G: Klingt nach Komposition einer Oper.

K: Ja, das ist gar nicht so verkehrt. Es braucht einen Rahmen, einen roten Faden und die Festlegung eines Schwerpunktes. Ein Schwerpunkt ist die koordinierte Digitalisierung der administrativen Prozesse, damit die Verwaltung ihre Aufgaben im Sinne des E-Government-Gedankens effizient und nachhaltig wahrnehmen kann.

G: Ja, okay. Das kann man so sehen. Aber bis der gefunden ist, das kann dauern.

K: Pessimist! Wir werden uns damit arrangieren müssen, dass wir jetzt noch in unterschiedlichen Welten leben. Einer digitalen privaten und einer noch teilanalogen Welt in der Verwaltung. Die Herausforderung ist ... die digitale Transformation einer Behörde.

G: Das wäre ja übrigens ein guter Titel für den Vortrag im Rahmen der Fachkonferenz.

K: Gut, machen wir morgen weiter.

G: Schönen Feierabend.

Neue Besen kehren gut, alte kommen besser in die Ecken. Nehmen Sie den Ist-Zustand auf, und kehren Sie nichts unter den Teppich.

Erster Akt – Erste Szene: Die Vorbereitung

G: Worum soll es in dem Vortrag eigentlich gehen?

K: Das haben wir gestern doch alles besprochen. Um Digitale Transformation!

G: Ja. Das hatten wir gestern tatsächlich schon. Aber was wird der Kern?

K: Es geht um die Digitalisierung der Verwaltungsvorgänge und hier speziell darum, dass das, was der Bund für seine Behörden spätestens ab 2020[3] vorgeschrieben hat, auch für die Berliner Behörden eingeführt werden soll: Die elektronische Aktenführung und Vorgangsbearbeitung wird in Berlin spätestens ab 2023[4] für alle verbindlich. Da müssen wir uns doch vorbereiten! Und dies am besten mit der Erstellung einer Vorgehensplanung in Abstimmung mit den Landesvorgaben, der Landes-IT-Steuerung, den anderen Dienststellen, Analyse der bestehenden Prozesse,

---

[3] § 6 Gesetz zur Förderung der elektronischen Verwaltung vom 25. Juli 2013: „Die Behörden sollen ihre Akten elektronisch führen." Bundesgesetzblatt Jahrgang 2013 Teil Nr. 43, Seite 2049

[4] § 7 Abs. 1 EGovG Bln: „Die Berliner Verwaltung führt ihre Akten spätestens ab dem 1. Januar 2023 elektronisch."

Erster Akt – Erste Szene: Die Vorbereitung

Voruntersuchung, Machbarkeitsstudie, Prioritätensetzung, Projektorganisation aufbauen, Verantwortliche und Mitarbeiter informieren, Projekt initiieren ...

G: Stopp! Zwischendurch das Luftholen nicht vergessen ...

K: ... und bis 2023 fertig sein.

G: Und Sie sind jetzt schon fertig (grinst). Nun mal von Anfang an.

K: Die Idee für den Vortrag ist, unsere Überlegungen frühzeitig mit einer Fachöffentlichkeit zu teilen, damit wir nicht in die gleichen Fallen tappen, in die viele bereits vor uns getappt sind.

Fakten

Schon heute finden sich in allen Verwaltungen Dokumente in elektronischer sowie in physischer Form. Damit ist die Führung und Pflege ordnungsgemäßer (also auch vollständiger und revisionssicherer) Akten bereits heute an vielen Stellen gefährdet und kann nur mit erheblichem Mehraufwand gewährleistet werden.

Die Schaffung der Rahmenbedingungen zur flächendeckenden Bereitstellung der elektronischen Akte in der Berliner Verwaltung und die damit verbundene Entwicklung schließen die Lücke zwischen den Fachverfahren auf der einen Seite und den Techniken der Bürokommunikation auf der anderen Seite, um eine medienbruchfreie Gestaltung von Verwaltungsvorgängen zu ermöglichen.

Erster Akt - Erste Szene: Die Vorbereitung

G: Neben der Herausforderung einer Fachbehörde mit sehr unterschiedlichen Themen ist die ...

K: *(fällt G ins Wort)* ... Herausforderung, die Aufgabenvielfalt unserer Verwaltung zu beherrschen.

G: Nehmen wir ein konkretes Themenfeld, dann haben wir es leichter.

K: Wie wäre: „Einführung der elektronischen Personalakte"?

G: Ja, das passt thematisch doch sehr gut, da wir in der Gesamtplanung bei der Einführung eines SAP-gestützten Fachverfahrens für die Personalwirtschaft im Rahmen der Harmonisierung der vorhandenen Fachverfahren und -anwendungen schon darüber nachgedacht haben.

K: Gut dann ist es entschieden: Die Kollegen erwarten, dass alles einfacher wird, sich aber so wenig wie möglich ändert.

G: Machen wir uns auf den Weg.

K: *(summt)* Dieser Weg wird kein leichter sein[5].

G: Wehe, Sie singen jetzt auch noch.

K: Keine Sorge, Sie wissen doch, dass ich nicht immer den richtigen Ton treffe.

G: Wohl wahr! Wohl wahr!

---

[5] Frei nach Xavier Naidoo

Erster Akt - Erste Szene: Die Vorbereitung

K: Es wird besser sein, wir machen morgen weiter.

G: Wohl wahr! Wohl wahr!

Erster Akt – Zweite Szene: Klärung der Begriffe

Digitalisierung Kurzerklärung

Der Begriff der Digitalisierung hat mehrere Bedeutungen. Er kann die digitale Umwandlung und Darstellung bzw. Durchführung von Information und Kommunikation oder die digitale Modifikation von Instrumenten, Geräten und Fahrzeugen ebenso meinen wie die digitale Revolution, die auch als dritte Revolution bekannt ist, bzw. die digitale Wende. Im letzteren Kontext werden nicht zuletzt „Informationszeitalter" und „Computerisierung" genannt.[6]

G: Wie wirkt sich die Digitalisierung eigentlich auf die Wirtschaftlichkeit, die Umwelt und das Sozialverhalten aus?

K: Lassen Sie uns mal ein Brainstorming veranstalten.

G: Ein was – einen Hirnsturm veranstalten?

---

[6] Springer Gabler Verlag (Herausgeber), Gabler Wirtschaftslexikon, Stichwort: Digitalisierung. http://wirtschaftslexikon.gabler.de/Archiv/-2046143105/digitalisierung-v2.html, zuletzt zugegriffen am 18.09.2017

Erster Akt - Zweite Szene: Klärung der Begriffe

K: *(Lacht)* Lassen Sie uns Beispiele für die sozio-komischen – äh – ökonomischen Auswirkungen finden. Denn hier liegen wichtige Kriterien für den richtigen Einsatz elektronischer bzw. digitaler Dienste.

G: Wann sagt man denn elektronische und wann digitale Dienste?

K: *(Schulterzucken)* Synonym ... das hatten wir doch schon.

G: Gut, das alles ist zu berücksichtigen. Aber für einen Vortrag zum Thema Einführung einer elektronischen Personalakte führt das ein bisschen zu weit.

K: Gut, das fügen wir dann irgendwo als Quelle, Basiswissen oder Backupfolie ein. Aber gesagt haben sollten wir das schon. Auch wenn es ein wenig akademisch klingt, diese Aspekte sind bei der Einführung und Nutzung elektronischer Dienste auch zu betrachten. Natürlich spielen ökonomische Aspekte eine wichtige Rolle bei der Entscheidungsfindung. Es heißt doch immer, der Einsatz digitaler Verfahren erleichtert die Aufgabenerledigung, es werden weniger Menschen gebraucht. Die Abläufe erledigen sich quasi von selbst.

G: Na klar. Das ja nun eher nicht. Ganz im Gegenteil: Letztendlich ist es bewiesen, dass die Einführung digitaler Strukturen zumindest zu Beginn zu erhöhtem Aufwand führt. Häufig hat man es zunächst mit hybriden Strukturen zu tun, die sich lange halten. Und in unserer Verwaltung werden sie sich sehr sicher noch länger halten.

K: Das liegt auch in der Schwerfälligkeit der …

G: Jetzt sagen Sie nicht Beamten!

K: Nein – äh – Strukturen.

G: Ich sehe es in Ihren Augen. Sie wollten Beamte sagen.

K: Nein! Meine Güte. Es geht um Akzeptanz.

G: Und hier hake ich noch einmal ein, bevor wir für heute schließen, sozusagen ein Betthupferl für Sie. Wenn wir es schaffen, ein gemeinsames Grundverständnis herzustellen, könnte die Digitalisierung als integratives Paradigma definiert werden …

K: Ich glaube, das führt heute zu nichts mehr. Machen wir einfach morgen weiter.

Finden Sie Anknüpfungspunkte für eine bereichsübergreifende Zusammenarbeit, dann werden Sie Gemeinsamkeiten Ihrer Arbeitsabläufe entdecken.

Zweiter Akt - Erste Szene: Überwindung der Hürden

(G steckt den Kopf zur Tür herein)

G: Guten Morgen. Ah ich sehe, Sie bereiten schon einen ersten Entwurf vor.

K: Ja, jetzt sollten wir die Fakten und den Status quo zusammentragen, damit wir dann auch mal endlich ein Ziel bestimmen und die Rahmenhandlung festlegen können.

G: Noch kurz zu gestern, bevor wir hier konkret werden.

K: Bitte nicht. *(stöhnt)*

G: Doch, bitte: Wir müssen unsere komplette Denkweise grundlegend ändern, um den *digitalen Weg* zu gehen, richtig?

K: Richtig.

G: Dann hatte ich doch Recht, und es ist es ein grundlegender Paradigmenwechsel, wenn wir von der Papierakte zur elektronischen Akte wechseln. Also achten wir jetzt bei den nächsten Schritten darauf, dass wir die

Prozesse nicht eins zu eins vom Analogen ins Digitale übertragen.

K: Meinetwegen. War's das?

G: Ja. *(die entstehende Pause füllt G mit einem fragenden Blick – dann, nach einem langen Augenblick)*

Und? Was packen Sie nun alles rein in Ihre elektronische Akte?

K: Ganz klar: Genau das, was wirklich in die Akte muss. Also vermutlich alles, was bisher auch in der Papierakte verwahrt wurde.

G: Alles? Wäre das nicht auch eine Gelegenheit, mal den einen oder anderen Blick auf die Geschäftsprozesse zu werfen? Ich bin mir ziemlich sicher, dass sich in den letzten hundert Amtsjahren da einiges Überflüssiges angesammelt hat.

K: Ja. Natürlich. Genau das muss geschehen. Aber das wird nicht in allen Fällen mit dem Zeitplan zusammenpassen. 2023 sind die Akten elektronisch zu führen! Aber aufpassen – Paradigmenwechsel! *(lacht)*

G: *(Fährt unbeirrt fort)* Und wie kommen die Unterlagen da hinein?

K: Wir haben einen (Akten-)Plan, und dann trommeln wir alle Beteiligten zusammen und schauen uns zunächst die Prozesse an.

G: Na dann viel Spaß beim Trommeln.

Zweiter Akt - Erste Szene: Überwindung der Hürden

K: Die erste Hürde für die Einführung der E-Akte ist durch das Berliner E-Government-Gesetz eigentlich schon genommen.

G: Nur in den Verwaltungen – also auch bei uns – fängt es jetzt erst an. Wenn überhaupt.

K: Bitte nicht schon jetzt resignieren. Betrachten wir zunächst die Rahmenbedingungen, die notwendig sind.

G: Als da wären?

K: Na, die landesweite Einführung einheitlicher Prozesse oder die Berücksichtigung der externen Einflüsse, z.B. durch die politischen Vorgaben der landesweiten IKT-Steuerung oder die technischen Standards des IT-Dienstleisters des Landes Berlin. Und nicht zuletzt – und das wird Sie freuen – die IT-Sicherheitsbetrachtung: Schutzbedarfs-Feststellung, Datenschutz et cetera. IT-Projekte bestehen zu rund achtzig Prozent aus Organisation und begleitendem Marketing.

G: Sie wollen sich die Prozesse anschauen? Viel Erfolg! Als ich das Standort-Sicherheitskonzept für unseren Laden überarbeitet habe, wäre ich gerne von den Prozessen ausgegangen. Das hätte vieles einfacher gemacht. Aber man hat mich aller Orten erst verstimmt angeschaut und anschließend von dannen jagen wollen, als ich dieses Wort auch nur erwähnte. Was genau verstehen Sie denn unter einem Prozess?

K: Das ist einfach. Wichtiger ist die Frage: Welches sind die relevanten Prozesse und gibt es Sub- und Stützprozesse, die einzubeziehen sind, und wie schaffen wir es, in Prozessen zu denken, um die volle Wertschöpfung zu erhalten?

G: Das beantwortet meine Frage nicht!

K: Na gut: Hier eine Definition, ohne philosophisch zu werden: Ein Prozess ist ein sich über eine bestimmte Zeit erstreckender Vorgang, bei dem etwas (manchmal auch eher allmählich) entsteht und an dessen Ende ein Ergebnis steht.

G: Na, das Philosophieren verschieben wir aber lieber mal.

K: Schade ... Hegel, also der Georg Wilhelm Friedrich Hegel *(1770–1831)* differenziert zwischen einem „theoretischen Prozess", gemeint ist ein Prozess der Empfindung, und dem „praktischen Prozess" als Vorgang bzw. Bewegung. Aber Vorsicht: Bezieht man den Prozessbegriff auf sich selbst, spricht Hegel von der „Bewegung des Prozesses" einerseits und dem „prozesslosen Prozess" andererseits. So jedenfalls Hegels Meinung. Bezieht man das auf unser Thema ...

G: *(Ruft laut)* STOPP!!

K: Nachdem nun die Eckdaten, Voraussetzungen und Hemmnisse festgestellt sind, beginnt die schöne Arbeit, und es sind viele Entscheidungen zu treffen ...

G: Ich vermute, es gibt mehr als eine Hürde?

Zweiter Akt - Erste Szene: Überwindung der Hürden

K: ... obs edler im Gemüt, die Pfeil und Schleudern des wütenden Geschicks erdulden oder, sich waffnend gegen eine See von Plagen, Durch Widerstand sie enden? Sterben – schlafen – Nichts weiter! Und zu wissen, dass ein Schlaf das Herzweh und die tausend Stöße endet ...[7]

G: Zweite Hürde!! Steht auf der Folie. Da steht nichts von „der Tragödie Zweiter Teil".

K: Der Tragödie zweiter Teil ist Goethes Faust, Sie Banause! Äh ... Entschuldigung. Aber hier sind tatsächlich die wichtigsten Entscheidungen zu treffen und sicher auch Widerstand zu erwarten. Die Aufgaben ändern sich nicht wirklich, aber die signifikanten Änderungen in den Abläufen, die ungewohnte Arbeitsweise – ohne Papier – verändern nachhaltig.

G: Datenschutz, Sicherheit, Cyberattacken, Netze ... wirksamen Schutz einbauen ...

K: Ja, ja, digitale Sicherheitsschlösser, Zugangssperren, Berechtigungskonzepte – alles richtig und wichtig – aber bitte auch die berühmte Kirche im Dorf lassen

G: Selbst die Kirche schließt man spätestens dann ab, wenn es dunkel wird ...

K: Hier ist aber noch ein anderer Aspekt, den es zu beleuchten gibt: Arbeitsschutz, -sicherheit und Gesundheit.

---

[7] Shakespeare, William, Hamlet, 3. Akt, 1. Szene, http://www.william-shakespeare.de/hamlet/hamlet3_1.htm, zuletzt zugegriffen 18.09.2017

Zweiter Akt - Erste Szene: Überwindung der Hürden

Aktenstaub ist doch vielleicht etwas harmloser als übermüdete Augen, oder?

G: Es geht doch letztlich nur darum, ordentlich zu arbeiten und dafür zu sorgen, dass wir unseren Job so machen, dass alle zufrieden sind. Bürger, Mitarbeiter, der Finanzsenator …

K: Sie haben die Bürgerinnen und Mitarbeiterinnen vergessen! Und mich übrigens auch!

G: Klar, Sie sollen auch zufrieden sein. Und ich vielleicht auch ein klein wenig.

K: Ach, Sie sind doch nie zufrieden.

G: Immer im Einsatz für Sie.

K: Wenn wir zusammenhalten, können wir viel erreichen.

G: Gute Idee. Dann können wir ja jetzt etwas Essen gehen und machen dann morgen weiter.

Finden Sie einen geeigneten Weg, Ihre analogen Daten auf sichere Art „in den Rechner" zu transformieren.

Zweiter Akt – Zweite Szene: Der Weg

K: Vom Papier zum Bildschirm – die elektronische Personalakte und die ungeahnten Möglichkeiten der digitalen Transformation.

G: Äh, was?

K: Vom Papier zum Bild …

G: Verstanden habe ich das. Aber was soll das?

K: Das wird der Titel für unsere Folien.

G: Ah. Ja.

K: Groß denken! Der Raum soll doch voll werden. Wir beschreiben erstmal unser Ziel bzw. das, was am Ende das Ergebnis des Vortrages darstellen soll: Eine vollständige elektronische Akte, in der nur die „historischen" und gesetzlich vorgeschriebenen Dokumente als Scan vorliegen, die Prozesse sind optimiert und funktionieren in jeder Behörde nach dem gleichen Muster, die Schnittstellen funktionieren, Medienbrüche gehören der Vergangenheit an.

G: *(Polemisch)* Träumen Sie weiter! Das wirkliche Ergebnis wird eine Sammlung von PDF-Dateien sein, die als Bilder eingescannt sind und in einem nur mäßig geschützten Windows-„Fileservice" liegen, und es dauert ewig, bis der Scan der nächsten Unterlage eingetroffen ist – der Scanvorgang wurde nämlich europaweit ausgeschrieben, und gewonnen hat *Oles Scannerservissen* aus Trondheim.

Aber Sie haben Recht: Im Prinzip arbeiten alle Behörden tatsächlich gleich: Sie haben analoge Handakten eingeführt – jeder nach eigenem Aktenplan, versteht sich.

Und auch die Schnittstellen werden funktionieren ... Nur heißen sie ungeschützte E-Mail und Fax!

Und: Ich traue mich mal zu prophezeien, dass man diese *E-Akten* nicht weitergeben können wird, weil der elektronische Transport ungeklärt ist und das Nachbarbundesland ein ganz anderes Verfahren eingeführt hat.

Und letztlich hat das bereitgestellte Geld natürlich wieder nicht gereicht, um ein besseres Verfahren zu etablieren. Aber hey: Der gesetzliche Auftrag – die E-Akte – ist erfüllt!

K: Die Polemik können Sie sich sparen. Machen Sie lieber mal Lösungsvorschläge!

G: Das ist doch das Schöne an meinem Job. Ich zeige Ihnen, wo es klemmt, und Sie arbeiten das ab.

K: Na danke. Ich bin dabei, unsere Verwaltung nach vorne zu bringen. Ach, was sage ich, nicht nach vorne, sondern ich schaffe den Anschluss an den Rest der Welt, und Sie kommen ständig mit Bedenken, Gefahren und Ihrer gequirlten Sicherheitsfanatik um die Ecke.

Zweiter Akt - Zweite Szene: Der Weg

G: Das mit dem Anschluss stimmt! *(K zieht die Augenbrauen ob so viel weiterer Bestätigung nach oben)* Allerdings ist der Rest der Welt aus meiner Sicht mit vollem Tempo auf dem Weg zum Abgrund. Insofern bin ich jetzt nicht wirklich enttäuscht, dass unsere Verwaltung nicht in der ersten Reihe rennt.

K: Hat mit Ihnen eigentlich schon mal jemand über ihre Hybris gesprochen?

G: Ja, na klar. Das war Ihr Vorgänger. *(G lächelt ekelhaft überlegen)*

K: *(Entnervt)* Kommen wir doch einfach zurück zu meiner E-Akte. Einfach mal angenommen: Da sind in digitaler Form ausschließlich solche Dinge drin, die nach der Geschäftsprozessbetrachtung übriggeblieben sind, Datenschutz und Datensicherheit haben wir geklärt, und das Land Berlin hat die Ausschreibung mit der folgenden Beschaffung der einheitlichen Software rechtzeitig abgearbeitet.

G: *(Blickt eine kleine Weile still Frau K an)*

K: *(Weiter entnervt)* Einfach mal angenommen, in Ordnung?

G: *(Nickt nach einem Augenblick sachte mit dem Kopf)*

K: *(Hörbar erleichtert)* Danke!

G: Und wie kommen die Unterlagen da hinein in diese elektronische Akte?

Zweiter Akt - Zweite Szene: Der Weg

K: Digitalisierung heißt das Zauberwort. Vieles ist doch heute schon digital. E-Mails, Word-Dokumente, PDF-Dateien.

G: Tolle Idee. E-Mails. Als ob man Postkarten in die Akte heften würde.

K: Alles schon geschehen. Alles schon gesehen!

(G schickt einen vernichtenden Blick in Richtung K)

K: Jetzt seien sie doch mal flexibel im Kopf. Ich habe doch gesagt, dass wir annehmen, wir hätten das mit dem Datenschutz alles geklärt.

G: Wenn ich nicht flexibel im Kopf wäre, hätte ich Ihnen schon lange ihre ganze IT dichtmachen müssen. Baustellen, nichts als Baustellen! Aber gut. Wir haben also flächendeckend digitale Signaturen und Verschlüsselung eingeführt. Guter Ansatz. Nicht nur für die Akte.

K: Na endlich, Sie haben es begriffen!

G: Freilich. Ich bin ja auch flexibel im Kopf.

K: Und die nicht-digitalen Dinge müssen eben digitalisiert werden. Ebenso wie die Prozesse. Wir werden einen Scanservice haben. Das wird der Standard in der Posteingangsbehandlung.

G: *(Verhalten-skeptisch)* Das ist doch schon mal nicht schlecht. Und was wollen Sie realistischerweise noch erreichen?

K: Gut, dass Sie fragen. Keine Zukunft ohne Visionen:

Zweiter Akt – Zweite Szene: Der Weg

Jeder Mitarbeiter kann seine Akte elektronisch anfordern und einsehen, die Querschnittsprozesse sind verschlankt. Unsere Behörde wird zur „Verwaltung der kurzen Wege". Die erforderlichen Schnittstellen sind automatisiert verfügbar. Sämtliche elektronischen Personalakten funktionieren identisch und sind landes- und natürlich auch bundesweit austauschbar.

Das ist Pflicht und Kür zugleich. Aber ich frage mich: Wie viel Kraft bleibt für die Kür, wenn die Pflicht erledigt ist?

G: Na, da kommen wir der Sache doch schon näher. Wenn wir jetzt Anforderungen unterbringen, die die Angelegenheit sicher und vor allem beherrschbar machen, dann haben am Ende alle was davon.

K: Ihr „Sichermachen" kenne ich doch. Das wird alles nur endlos teuer und kompliziert in der Bedienung.

G: Ich behaupte ja, wenn man den Menschen gut erklärt, dass es auch immer um ihre Daten geht, dann sind die meisten ganz froh, dass es da vernünftige Sicherheitsmaßnahmen gibt. Es geht doch immer auch um Vertrauen. Und immerhin: Sie können ja alle Schuld am Komplizierten bei mir abladen …

K: DA komme ich gerne drauf zurück! Wichtig wäre mir aber noch, dass wir etwas Kraft (also vor allem Zeit und Geld) übrigbehalten, um zur erledigten Pflicht noch eine Kür einbauen zu können. Also Dinge, die den Menschen wirklich helfen und die dafür sorgen, dass Digitalisierung Spaß macht, weil sie so nützlich ist.

Zweiter Akt - Zweite Szene: Der Weg

G: Seit wann macht Digitalisierung Spaß?

K: Man wird doch noch träumen dürfen.

G: Das kann Ihnen keiner nehmen.

K: Ich hatte letzte Nacht einen merkwürdigen Traum.

G: Jetzt sagen Sie bitte nicht, Sie träumen digital.

K: Na ja, so ähnlich.

…

Zweiter Akt – Zweite Szene: Der Weg

Der Traum beginnt – Ein Zwischenspiel

Der Traum beginnt

Frau K dreht sich leicht beschwingt im Kreis, stellt sich auf die Zehenspitzen und beginnt zu tanzen. Die Szene verändert sich, und im Traum treten neue Mitspieler auf:

Herr M

Die Personalstelle

Der Chef

Die Kollegen

Traumbild 1

Herr M liegt zu Hause im Bett, per SMS meldet er sich bei seiner Arbeitsstelle krank. Ein leises Pling bestätigt den Versand, ermattet legt Herr M sich nieder.

Die SMS landet automatisch in der Personalstelle.

Traumbild 2

In der Personalstelle verteilt eine digitale Systematik Dokumente. Einmal geht die Krankmeldung an den Vorgesetzten, einmal in die Personalakte. An den jeweiligen Stellen werden unterschiedliche Prozesse automatisch ausgelöst.

Traumbild 3

Der Vorgesetzte kann entsprechende Aufgaben delegieren und die Kollegen informieren.

Traumbild 4

Die Kollegen erhalten eine Information, dass Herr M erkrankt ist ,und wünschen ihm ebenfalls per SMS gute Besserung.

Traumbild 5

In der Personalstelle geht die Meldung auf Wiedervorlage, und am dritten Tag erfolgt automatische eine Erinnerungsmail, dass Herr M bitte ein Attest einreichen möchte.

Die Traumbilder verschwinden, die Realität stellt sich wieder ein.

Der Traum endet

Zweiter Akt – Zweite Szene: Der Weg

G: Jetzt gehen aber die Pferde mit Ihnen durch. Aus sicherheitsperspektivischer Sicht geht das nicht.

K: Warum nicht?

G: Schon mal was von Datenschutz und IT-Sicherheit gehört? Hier werden personenbezogene Daten per SMS ungeschützt durch die Gegend gesendet – und dann auch noch an irgendwelche private Telefonnummern zugestellt. Kein Mensch weiß, wer die Nachricht letztlich tatsächlich erhält!

K: *(verdreht die Augen)*

G: Wenn Sie das so machen, sehen Sie sich ruckzuck beim Datenschutzbeauftragten wieder.

K: Na gut, das war jetzt vielleicht etwas sehr visionär. Aber wichtig ist doch die Erkenntnis, dass viele kleine Schritte und Aufgaben nun automatisch erledigt werden können und damit die Sachbearbeitung entlastet, damit diese sich den wirklich wichtigen Aufgaben zuwenden kann.

G: Sie meinen zum Beispiel Neueinstellungen?

K: Ganz genau! Personal für mich!

G: Bleibt noch der eigentliche Digitalisierungsvorgang. Sozusagen die physische Digitalisierung. Also analoge Dinge, vorhandene genau wie neu eingehende, in eine digitale Form zu bringen. Das ist letztlich überraschend komplex in all seinen Dimensionen. Das Gute ist allerdings, dass die notwendigen Rahmenbedingungen bereits

Zweiter Akt - Zweite Szene: Der Weg

feststehen, weil sie anderswo entwickelt und erprobt wurden. Wir können also einfach abkupfern und die Dinge abarbeiten. Das dauert natürlich. Aber es sind hier keine Überraschungen zu erwarten.

K: Doch. Ich finde es sehr überraschend, wie konstruktiv ihr Beitrag gerade war ...

G: ICH bin mit Sicherheit immer konstruktiv.

K: *(Denkt: elender Klugscheißer! Sagt sarkastisch)* Sicher!

G: Aber ...

K: ich wusste es ... Das berühmte ABER!

G: Aber was wirklich spannend wird, sind die erforderlichen Schnittstellen zu IT-Verfahren, anderen Behörden oder sogar anderen Bundesländern. Da spielt die Musik.

K: Mit Sicherheit wird das eine Hürde, die es zu überspringen gilt.

G: Haben Sie mich gerade imitiert?

K: Iiiiiich? Sie sprechen von Vernetzung oder?

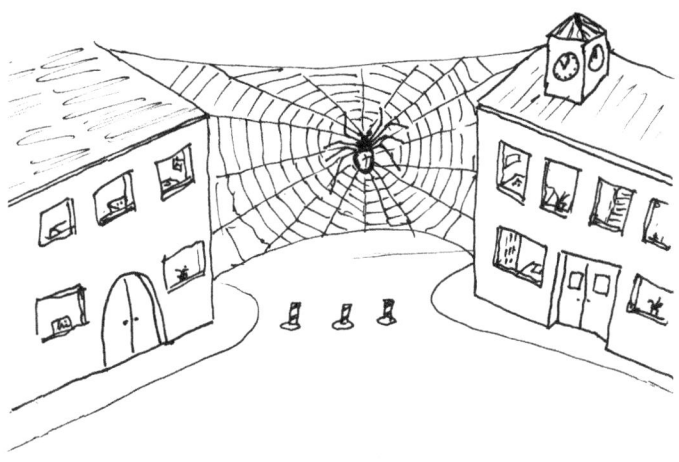

Die Welt vernetzt sich. Passen Sie auf, dass Sie sich im Netz nicht verfangen, sondern nutzen Sie stattdessen die Möglichkeiten des Netzes!

Zweiter Akt – Dritte Szene:
Die Reflexion

> **Fakten**
>
> Transformationsprozesse in Gang zu setzen, kostet nicht nur Zeit, sondern bedeutet auch immense Investitionen. Es geht darum, komplexe Strukturen, viele Menschen, Prozesse und Organisationsformen zu synchronisieren. Letztendlich bedeutet die Entscheidung, eine digitale Strategie umzusetze,n auch die Notwendigkeit, ein gemeinsames Grundverständnis zu schaffen und so einen Paradigmenwechsel herbeizuführen.

K: Nachdem wir nun so lange über das Thema gesprochen haben, bleibt für mich noch die Frage, was man denn jetzt alles können sollte. Also im Sinne von ... „alles digital und alles ausnutzen".

G: Kann man machen. Wenn man das im Griff hat.

K: GPS-Daten, Abwesenheitsverläufe nachverfolgen, automatischer Abgleich mit der Personalakte und damit auch schon die direkte Anbindung an Fachverfahren.

G: Ich sagte ja, wenn man das im Griff hat. Und die Dinge, die Sie da gerade aufzählen, hat man mit Sicherheit nicht

Zweiter Akt - Dritte Szene: Die Reflexion

im Griff *(lächelt schelmisch, ob des ach so gelungenen Wortspiels).*

K: Aber genau das sind doch letztlich die Themen, bei denen es spannend wird, die sich gut in Pressemitteilungen und Success-Stories machen. So etwas will man auf Kongressen hören und nicht Ihr ständig miesepetriges „geht nicht – geht nicht – geht nicht".

G: Man muss schlicht nicht alles auf Teufel komm raus ins Digitale verschieben. Man kann da die Kirche ruhig im Dorfe lassen.

K: Teufel? Im Sinne von „Ich bin der Geist, der stets verneint! Und das mit Recht; denn alles, was entsteht, Ist wert, dass es zugrunde geht; Drum besser wär's, dass nichts entstünde."[8]

G: Mein Gott, Sie immer mit Ihren Zitaten. Es wäre besser, wenn etwas entstünde, das Bestand hat. Und eben nicht nur für die Schlagzeile zu arbeiten, dass die Verwaltung jetzt Termine auch automatisiert absagen kann.

K: Sie haben natürlich Recht. Auch wenn die Schlagzeile sicher positiver formuliert werden würde.

G: Wie auch immer. Mir ist wichtig, dass bei diesem Vortrag rüberkommt, dass man sich erlauben sollte, nicht jeden Digitalquark mitzumachen, sondern bei aller berechtigten Euphorie und allem Engagement eine Grenze des

---

[8] Goethe, Johann Wolfgang von, Faust, Mephisto zu Faust, Studierzimmer I

Sinnvollen zu ziehen. Wenn man dabei dann noch würdigt, dass man für die Daten, die einem überlassen wurden und die verarbeitet werden sollen, verantwortlich ist, dann ist man schon einen großen Schritt weiter.

K: Wenn das nicht von Beginn an alles verhindert, dann ist es sogar ein Schritt aufeinander zu …

G: Klingt ja fast, als wenn wir damit eine Folie füllen könnten. Sie sagen, was man alles machen könnte, und ich plädiere für die Kirche im Dorf. Und Mephisto lassen wir hier vielleicht endgültig aus dem Spiel.

K: Gebongt. Wir müssen uns eh ranhalten. Es sind nur noch zwei Tage bis zum Abgabetermin.

Dritter Akt – Erste Szene: Das Resümee oder Zopf versus Besen

Fakten

„Neue Besen kehren gut", sagt ein altes Sprichwort. Übersetzt und in Bezug gesetzt, könnte man es so übersetzen: Mit der Digitalisierungsstrategie in der öffentlichen Verwaltung wird häufig die Hoffnung verknüpft, Verwaltungsvorgänge zu vereinfachen und effizienter zu gestalten und „alte Zöpfe" zu eliminieren. Aber Vorsicht: Die reine Adaption von analogen Vorgängen in digitale Abläufe geht schief.

K: Ich habe mir da noch etwas überlegt. Dieser Titel „von Besen und Zöpfen" ... der klingt ja nett reißerisch, aber irgendwie müssen wir darauf ja noch eingehen. So bleibt das etwas bezugslos irgendwie.

G: *(Schaut fragend)*

K: *(Schaut noch fragender zurück)*

G: Inwiefern?

Dritter Akt - Erste Szene: Das Resümee oder Zopf versus Besen

K: Der Titel wurde uns doch vom Veranstalter eingebrockt. Klingt gut und bringt Leute in den Raum. Aber wir haben bislang weder über Besen noch über Zöpfe gesprochen.

G: Ich flechte rasch aus den drei Kabeln hier einen Zopf, und dann machen wir ein Foto davon, packen es auf eine Folie und …

K: Na, so ein Unfug. Ich meine doch inhaltlich.

G: Sollen wir jetzt etwa darüber reden, wer letztlich digital transformiert wurde? Der Besen oder der Zopf? *(beginnt zu flechten)*

K: *(schaut irritiert)* Was machen Sie da?

G: Flechten.

K: Mit meinen Netzwerkkabeln?

G: Bessere Idee?

K: Hunderte. Mindestens. Aber ich fand Ihre Frage von eben gar nicht so falsch.

G: Welche?

K: Wer letztlich digital transformiert wurde.

G: Und? Sie haben doch nicht etwa eine Antwort darauf?

K: Natürlich. Da der neue Besen ein Saugroboter war, hat der von Beginn an die Ecken alleine gefunden, und wenn der Akku nicht leer ist, saugt er immer noch. Der Zopf hat sich neu geflochten, indem er seine Prozesse analysiert

Dritter Akt – Erste Szene: Das Resümee oder Zopf versus Besen

und optimiert hat. Damit wurden die Abläufe beim Flechten rationalisiert, und die Aufgabenstellung, einen Zopf zu flechten, wurde neu definiert.

G: *(Verharrt in sichtlich fragender Stille)*

K: Zu Deutsch: Das Resümee. Schlanke Arbeitsabläufe durch sorgfältige Aufgabenanalyse und Prozessoptimierung. Keine Aktenschränke mehr, stattdessen ein Sofa fürs Power-Napping zur Erhaltung der Gesundheit. Einhaltung der Bildschirmpause und Stabilisierung der Schaffenskraft! Zeit für neue Aufgaben!

G: Das erzählen aber Sie den Leuten!

K: Natürlich. Gerne sogar!

G: *(Schaut auf den vollendeten Kabelzopf)* Wussten Sie eigentlich, dass die Wörter verzopft und zopfig als Synonym zu „nicht mehr zeitgemäß" verwendet werden?

K: Sie meinen jetzt aber nicht mich, oder?

G: Wo sie gerade davon sprechen … wann müssen wir denn morgen los?

K: Sie lenken ab.

G: Natürlich. Gerne sogar!

Dritter Akt – Zweite Szene: Vor der Abreise zum Kongress

(G schaut im Büro von K zur Tür hinein)

G: Erinnern Sie sich noch an den Foliensatz der Senatsverwaltung für Inneres, der bei der Informationsveranstaltung zum E-Government-Gesetz für unsere Abteilungs- und Referatsleitungen gezeigt wurde?

K: Wie könnte ich den vergessen haben …

G: Ich habe da noch eine Folie gefunden, die könnten wir gut einbauen. So als Anschauungsstück, was Berlin in den nächsten Jahren alles vorhat. Da sieht jeder sofort, dass das eher nach Flughafen klingt als nach Umsetzungsstrategie.

K: Zeigen Sie mal.

(G reicht den Ausdruck hinüber)

K: Die ist jetzt aber etwas aus dem Kontext gerissen, oder?

G: Schon. Aber wenn dort steht, dass in sechs Jahren alle Berliner Verwaltungsverfahren und -strukturen auf E-Government umgestellt sind, dann kann man das mal wirken lassen …

K: Berlin hat eben viel zu tun und noch mehr vor.

Dritter Akt – Zweite Szene: Vor der Abreise zum Kongress

G: Und den obligatorischen Flughafenscherz machen wir dann selber.

K: Ist doch ein guter Abschluss für den Vortrag.

G: Fragen wir vorher, ob wir die Folie nutzen dürfen?

K: Natürlich.

G: Die geben uns niemals das Okay!

K: Na ja. Die kennen ja den Kontext nicht, in dem sie verwendet werden soll.

G: Auch wieder wahr. Sie fragen?

K: Natürlich!

G: Wann geht es morgen los?

K: 07:00 Uhr. Hauptbahnhof. Gleis 13.

Dritter Akt – Dritte Szene: Auf dem Weg zum Kongress

Fakten

Wikipedia[9] definiert Schnittstelle so: „Die Schnittstelle oder das Interface ist der Teil eines Systems, welches der Kommunikation dient." Es handelt sich also um die Verbindung zwischen Systemen, die miteinander kommunizieren müssen. In unserem Fall bezieht sich das zum Beispiel auf das Zusammenspiel zweier Fachverfahren oder die Verbindung von Kommunikationsdiensten mit Fach¬verfahren. Hier gilt es, einzelne Systeme zu verbinden und unter Verwendung von Schnittstellen zu einem großen Ganzen zu verbinden. Dabei ist die Verwendung von gemeingültigen Standards zu bevorzugen, um eine vielfältige Nutzung zu gewährleisten.

Beispiel: XÖV ist die Bereitstellung von Standards für den elektronischen Datenaustausch. Sie gewährleistet medienbruchfreie Verwaltungsprozesse.

---

[9] Wikipedia, https://de.wikipedia.org/wiki/Schnittstelle, zuletzt zugegriffen am 18.09.2017

Dritter Akt – Dritte Szene: Auf dem Weg zum Kongress

(K und G sitzen im Zug. Beide haben ihren Laptop aufgeklappt und bereiten sich still auf den Vortrag vor.)

G: Geld!

(K schaut irritiert auf.)

G: Es geht am Ende schlicht ums Geld. Wenn die Unternehmensberater und die Softwarearchitekten ihre Konzepte geschrieben und die PowerPoint-Folien gemalt haben und alle Entscheidungsträger überzeugt wurden, geht es in der Umsetzung deutlich realistischer zu. Aus Hightech-Interfaces werden Scan- und Fax-Schnittstellen, und man hat am Ende eine Sammlung von mehrfach eingescannten Bildern. Nicht zu vergessen, dass es „seinerzeit" üblich war, vertrauliche Dokumente auf dunkelrosa Papier zu drucken.

K: Warum?

G: Aus Schutzgründen. Weil die Kopierer damit schlicht überfordert waren. Wollen wir mal hoffen, dass der günstige, per europäischem Ausschreibungsverfahren gefundene Scanservice aus Trondheim in der Lage ist, solch kontrastarmen Dokumente lesbar zu digitalisieren.

Ähnliche Herausforderungen warten letztlich bei der Auswahl des Werkzeugs. Noch bevor das per Ausschreibung gefundene Standard-Softwarepaket in Berlin zum Einsatz kommt, werden weitere Millionen Euro in die Anpassung an die Berliner Besonderheiten – und die wird es wie immer als Abweichungen vom Standard geben – geflossen sein. Das Produkt ist dann voraussichtlich un-

Dritter Akt - Dritte Szene: Auf dem Weg zum Kongress

benutzbar und schlicht überfordert mit der heterogenen Berliner Infrastruktur.

K: Aber genau diese Infrastruktur wird doch gerade zentralisiert und vereinheitlicht!

G: Genau. Aus meiner Sicht führt das in den nächsten Jahren vor allem dazu, dass es große Bereiche der Berliner Verwaltung geben wird, die eine umfangreiche Schatteninfrastruktur aufgebaut haben werden.

K: Und dabei ist das eigentliche Ziel doch, dass die Verwaltungs-IT endlich kein Schattendasein mehr fristet!

G: Berliner Ziele. Berliner Wirklichkeit. Von wo sind Sie im Sommer nochmal in den Urlaub geflogen?

K: Ich fahre grundsätzlich Bahn, Sie elender Polemiker.

(*G denkt sich seinen Teil*)

K: So. Und jetzt lassen Sie uns die Polemik endlich in die Ecke kehren, und wir werden mal pragmatisch.

G: Pragmat ist mein zweiter Vorname.

(*K schaut verdutzt aus der Wäsche*)

G: Was?

K: Egal! Wo das jetzt alles geklärt ist, stellt sich für mich die Frage: Wie gehen wir nun eigentlich vor?

G: Bei was denn?

K: Mein lieber Herr Gesangspragmat! Na, wie planen wir jetzt die Einführung unserer elektronischen Akte?

Dritter Akt – Dritte Szene: Auf dem Weg zum Kongress

G: Bleiben Sie mal auf dem Teppich.

K: Wieso? *(Schaut nach unten)* Ich bin doch ganz bodenständig.

G: Wir haben doch quasi nichts vorbereitet! Alles ist noch unsicher.

K: Unfug! Wir fangen mit einer elektronischen Personalakte an. Hierfür haben wir bereits die Grundvoraussetzungen geschaffen: Ein modernes, IT-gestütztes Fachverfahren von der Bewerbersituation bis zur Personalverwaltung. Durchgestylt und läuft. Datenschutz und IT-Sicherheit sind mit Konzept und Siegel vorhanden! Und auch organisatorisch ist schon einiges passiert. Da fällt der Einstieg leichter.

G: Ja, das war ein langer Weg. Aber was hat das mit der E-Akte zu tun?

K: Na, die Akte ist bereits definiert. Die Prozesse sind mit der Entwicklung des Fachverfahrens schon geklärt und bereinigt. Da sind doch die Grundvoraussetzungen weitestgehend erfüllt. Und das Wichtigste: Alle Beteiligten sind bereits vorbereitet. Eine hausweite Umsetzung bei der aktuellen Vielzahl von Aufgaben in unterschiedlichen Politikfeldern wäre von vornherein zum Scheitern verurteilt.

G: Ach so!

K: Sehen Sie!? Ich habe verstanden. Also machen wir jetzt einen Projektplan, schreiben ein Fachkonzept, schärfen noch einmal die Prozesse, suchen uns ein passendes

Werkzeug, schaffen eine Projektorganisation, suchen uns noch Unterstützung von außen, schaffen die passenden Rahmenbedingungen und legen los.

G: Und in ca. eineinhalb Jahren sind wir fertig.

K: Ja. Und was noch wichtiger ist: Wir schaffen ganz nebenbei die Grundlage für den weiteren Ausbau.

G: Und wann geht es los?

K: Morgen. Morgen fangen wir an!

G: Ich freue mich auf morgen.

K: Ich auch! Da können Sie sicher sein.

Epilog - Was wirklich geschah zwischen Frau K und Herrn G

„Wenn der Vortrag erfolgreich werden soll, müssen wir uns gründlich vorbereiten."

„Dann gehen Sie doch an Ihre Akten, und ich nutze die moderne Technik."

Epilog - Was wirklich geschah zwischen Frau K und Herrn G

„Es geht doch nichts über gutes altes Schriftgut ... wo war denn ...?

„Also hier im Netz sind jede Menge Fakten und Quellen, die wir nutzen könnten. Das vereinfacht unsere Arbeit ungemein."

Epilog – Was wirklich geschah zwischen Frau K und Herrn G

„Sie sind so starrsinnig. Ihr Verharren in der Gegenwart macht mich wahnsinnig. Sie haben kein Gespür für die Möglichkeiten, die uns die Digitalisierung eröffnet, Ihr Sicherheitsfimmel macht mich rasend."

Epilog – Was wirklich geschah zwischen Frau K und Herrn G

„Da bin ich wohl etwas über das Ziel hinausgeschossen. Kommen Sie, lassen Sie uns auf einen guten gemeinsamen Weg in eine digitale Zukunft anstoßen."

Checkliste

Unsere 10 ultimativen Tipps für eine erfolgreiche digitale Transformation in der öffentlichen Verwaltung

(1) Schauen Sie sich Ihre Prozesse genau an und entstauben Sie sie. Nehmen Sie dazu alte **und** neue Besen!

(2) Machen Sie sich auf den Weg und haben Sie Spaß an der Veränderung. Erlauben Sie sich, gedanklich auch mal über das Ziel hinaus zu schießen.

(3) Trauen Sie sich, nein zu sagen. Es muss nicht alles digital werden, nur weil es theoretisch möglich ist.

(4) Entdecken Sie die Grenzen des sinnvoll Machbaren! Hören Sie Kolleginnen und Kollegen zu. Wenn Sie ihnen die Chance dazu geben, werden diese Ihnen sagen, was sie brauchen!

(5) Nehmen Sie Ihre Menschen mit. Helfen Sie ihnen, die neuen Möglichkeiten zu verstehen und mitzugestalten. Machen Sie sie fit und neugierig. Sie haben keine Chance ohne Ihre Mitarbeiter!

(6) Binden Sie frühzeitig Ihre Gremien ein. Datenschützer, Sicherheitsbeauftragte und Personalräte sind wunderbare Sparringspartner, wenn es darum geht,

Checkliste

erfolgreich zu transformieren. Sie werden jede Hilfe brauchen, die Sie bekommen können!

(7) Nutzen Sie die Chance und werden sie alten, überflüssigen Ballast los.

(8) Besorgen Sie Geld. Viel Geld. Machen Sie es gleich. Wenn Sie Pech haben, ist die Aufstellung des nächsten Haushaltsplans erst in zwei Jahren! Digitalisierung ist nicht umsonst. Auch wenn mancher das immer wieder behaupten wird!

(9) Reden Sie miteinander! Oft und viel. Denken Sie auch an die, die Ihnen nicht sofort einfallen. Poststelle, Pförtnerloge und Vervielfältigungsstelle sind z.B. Orte voller wundervoller Menschen mit einem enormen Wissen über die wirklichen Abläufe in Ihrer Verwaltung!

(10) Last but not least: Erlassen Sie eine hausweite Digitalisierungsstrategie, an die sich alle halten müssen. Vereinbaren Sie einen abgestimmten Zeitplan zur Umsetzung der einzelnen Vorhaben und schnüren Sie kleine Projektpakete.

Weiterführende Literatur

Gesetz zur Förderung des E-Governments, (E-Government-Gesetz Berlin – EGovG Bln) vom 30. Mai 2016, http://gesetze.berlin.de/jportal/?quelle=jlink&query=EGovG+BE&psml=bsbeprod.psml&max=true, zuletzt zugegriffen am 18.09.2017

Koalitionsvereinbarung zwischen SPD, Die Linke, und Bündnis90/Die Grünen für die Legislaturperiode 2016-20121. „Berlin gemeinsam gestalten. Solidarisch. Nachhaltig. Weltoffen." *(kurz KOA-Vereinbarung),* https://www.berlin.de/rbmskzl/regierender-buergermeister/senat/koalitionsvereinbarung/, zuletzt zugegriffen am 18.09.2017

Ortner, Gerhard; Stur, Bettina: Projektmanagement und Organisation. Springer-Verlag Berlin Heidelberg 2011, 2015

Rundschreiben InnSport ZS Nr. 1/2014, Bindungswirkung/Geltungsbereich des Gesetzes zur Förderung der elektronischen Verwaltung sowie zur Änderung weiterer Vorschriften (EGovG Bund) für die Berliner Behörden, http://www.berlin.de/sen/inneres/moderne-verwaltung/e-government/artikel.95921.php, zuletzt zugegriffen am 18.09.2017

Die Autoren

Anna-Maria Krebs, Leiterin der IT-Steuerung der Senatsverwaltung für Bildung, Jugend und Familie in Berlin, ist verantwortlich für die strategische Planung der Digitalisierung der Verwaltungsaufgaben und seit Mitte der 1980er Jahre in der Entwicklung von Informations- und Kommunikations-Systemen in unterschiedlichen Branchen zuhause.

Die Autoren

Oliver Gollanek, Jahrgang 1973, IT-Security-Native, hantiert seit über 30 Jahren mit dem Thema IT-Sicherheit in all seinen Facetten und ist als Verwaltungsbeamter trotzdem der Informationssicherheitsbeauftragte der Berliner Senatsverwaltung für Bildung, Jugend und Familie.

Der Illustrator

Michael H. Krebs, Facharzt für Allgemeinmedizin und Naturheilkunde im Ruhestand, hat nun Zeit für seine Hobbies Schweißen und Zeichnen.

The manufacturer's authorised representative in the EU is Springer Nature Customer Service Centre GmbH, Europaplatz 3, 69115 Heidelberg, Germany. If you have any concerns regarding our products, please contact ProductSafety@springernature.com

Printed and bound by CPI Group (UK) Ltd, Croydon, CR0 4YY
23/03/2026
02076463-0001